Valoja ja varjoja

Mea Räikkönen

Valoja ja varjoja

2014

.

Kustantaja: BoD - Books on Demand, Helsinki, Suomi
Valmistaja: Books on Demand GmbH, Norderstedt, Saksa

ISBN: 9789523183087

Kirkkain silmin
1. Jakso

Ensimmäinen jakso sisältää minun 7-10 vuotiaana
kirjoittamani runot.
Runot ovat lapsenomaisia, leikkisiä ja kepeitä.
Pienempänä kirjoitin runoja usein luonnosta ja vuodenajoista.
Ensimmäinen runoni "minä ja kesäni" syntyi kokiessa
ensimmäisen kesälomani.
Olin kirjoittanut runoja ja ajatuksia omaan vihkooni, jonka
äiti löysi "vahingossa."
Tästä lähtien sain kannustusta jatkaa kirjoitelmiani.

Minä ja kesäni

Tämä on kesäni ihanin, pieneen kukkaan mä hyppään,
ruohonkortea kiipeän.
Välillä mettä imaisen ja puun lehtiä ihailen.
Sammaleelle nukahdan, herään kevään tuoksuun
ihanaan.
Linnut laulaa iloisesti, kesän herkut mä poimin.
Se on kesäni ihanin.

Kevät

Keväällä voi poimia tosi ison kukan, voi mennä uimaan
ja tehdä vaikka mitä.
Lumiukot pois mielestä ja tilalle kevään kukat, jäätelökin
maistuu paremmalta kuin villasukat.

Syksy

Syksyllä lehdet leijailee, niissä ois kiva matkustaa,
mut on ne liian pieniä.
Se on kiva kuitenkin, et niistä kerätä voi kokoelmaa
omaa.

Talveni

Olen vielä pieni ja arka, enkä mä uskalla ulos mennä.
Kattoluukusta katselen lumihiutaleita leijaavia.
Vihdoin viimein uskallan oven avata.
Arvaa mikä näky?
Aivan ihana!
Katot kimmeltää lumihiutaleista,
näen mä jonkun pihalla jonkun hevosen,
kun mä sitä kosketan,
se on täyttä taikaa talven.

Talviloma

Lumikinoksia kiipeän,
labyrintin teen, tietenkin lumesta.
Lumiveistokset on hienoja,
niitä teen aina tietenkin.
Lumilyhdyt loistaa saa,
varsinkin talvella.
Kello näyttää kolmea,
silti on aikaa leikkiä.
Nythän on talviloma!

Unisatu

Kun mä kirjaa luen,
tipun kirahvin kaulaan keikkumaan.
Kirahvin kaulasta liu'un norsun häntään pieneen.
Siitäkin tipun koirankulhoon, missä riittää aalloten.
Menen kukkaan uniani jatkamaan,
otan peitoksi lehden ison.

Viidakon maailma

Viidakossa maistaa saa, värikästä maailmaa.
CD:tä ei tarvikkaan, kun lintuset jo laulaa saa.
Ei elokuva tietenkään voita viidakon showta ihanaa.
Värit nämä ihanat saa aina päivän paremmaks.
Viidakossa kissat kasvaa ainakin metrin suuremmaks.

Karhun talvi

Oli luolassa nukkumassa aikamoinen mesikämmen,
se näki talviunta ja ulkona satoi lunta.
Karhu nukkui pesässä ja ajatukset aina vaan kesässä.
Se kuuli, kun ulkona pauhasi tuuli.
Tuuli kuiskas hiljaa "sun vatsas tarvii ruokaa,
se kokoajan huokaa"
On karhulla hieno kolo, mut vatsassa nälkäinen olo.
Pian karhu saa ruokaa,
sen vatsa ei enää huokaa.

Mehiläisen työ

Jo mehiläiset pörrää taas,
se tietää meille hunajaa.
Ne hunajasta rakentaa huoneita satoja,
kun meillä on kerrostalo,
niin niillä on hunajainen salo.
Ne pukeutuu raitaiseen pukuun ja puolustaa piikillä
terävällä.
Jos tutustut mehiläisiin saat hunajaan keltaiseen sukeltaa.

On syksy

Täällä sataa vettä,
eli on syksy.
Lehdet tippuu maahan ja lätäköt vain kasvaa,
eli on syksy.
Lehdet ovat syntyneet puussa ja kun ne ovat aikuisia,
ne muuttavat ympäri maailmaa,
eli on syksy.

Ystävyys

Olet rannalla ystäväsi kanssa.
Näet simpukanhelmen ja kuiskaat siihen
"Älä ikinä hukkaa ystävyyttäni"

Luonto herää

Alkaa jo kevät ja luonto herää henkiin.
Jo kastemato herää ja lausuu keväisen runon:
"Jo eläimet nää ihanat nousee talviuniltaan,
itikat ja kuoriaiset syntyy kevään lumossa,
kauniit kukat nupuistaan aukee kauniiks kukkasiks"
Oi tätä elämää, kun vadelmia popsia saa.
Myös mansikoita, mustikoita ja kaikkea ihanaa.

Hyönteiset

Niin pienet, mutta tärkeät on hyönteisemme nää.
On niille sekin tärkeää onko pouta- vai sadesää.
Sateella ne kiiruhtavat suojaa hakemaan.
Sateen jälkeen matkataan läpi kostean, märän maan.
Pian lämpö haihtuu ja ilma kylmenee.
Horrokseen on kova kiire ja hartioilla taakka kovenee.
Säntäilevät ympäriinsä, pian helpottaa.
Talvi kylmä alkanut on,
nyt horroksessa levätä saa.

Kesä

Kesän voi maistaa,
se maistuu mansikalle ihanalle.
Kesän voi haistaa,
se tuoksuu kukille ja hedelmille.
Kesää voi koskettaa,
se tuntuu mukavalta, lempeältä.
Kesällä on aika ja se aika on nyt!

Lintujen sekakuoro

Ootko kuullut lintujen sekakuoron?
Ne sopii aina oman vuoron.
Niillä on tosi hyvät sävelet,
sen kuulet kun niityn poikki kävelet.
Niityllä tuoksuu tosi hyvältä,
sen tuoksu tulee niin syvältä.
Niityllä on myös kauniit kukat,
niistä kukista pitää jopa hukat.
Eli tämä niitty on ihan täydellinen paikka,
kuuntele sen säveliä vaikka..

Lumen taika

Talvella on ihanaa,
koska pakkanen paukuttaa.
Ota luistimet esiin ja luistele paljon.
Tee iso lumiukko, lumilinna ja lyhty.
Lyhtyyn pistä valo ja lähde hiihtämään.
Pian huomaat talven taian,
eikö olekkin ihanaa?

Uni ei tule

Ulkona sataa lunta ja pieni tyttö ei saa unta.
Onneksi katto on pään päällä ja jalkojen alla lämmin
matto.
Ulkona pauhaa kova tuuli jo tyttökin sen kuuli.
Ulkona on monta jäniksen koloa,
mutta se ei auta tytön oloa.

Satumaa

Lumihiutaleet leijailee ja mä aion niihin hypähtää.
Ystävääni kädestä otan ja hyppään ison loikan.
Ystäväni kanssa mä katselen satumaata ihanaa.
Pian sulaa hiutale ja tipun mä lumiukon nenälle.
Siellä katselen taikaa maan ja hypähdän pehmeälle
lumelle.
Siihen nukahdan katsomaan kuvia, satutaikamaan
ihania unia.

Nuoruus

Mä olen jo aikuinen.
Tosi surullinen aikuinen.
Mä tahtoisin takas nuoruuden, en voi sitä unohtaa.
Se on mulle muisto ikuinen,
kuin simpukan helmi kultainen,
hevosen juoksu ikuinen,
kouluun lähtö aikaisin.
Mä haluan takas kouluun mennä,
uimaan rantoihin lämpimiin.
Kun mä siemenellä istutan kukan,
siitä kasvaa sarja nuoruuden.

Tunteet

Olipa kerran siili,
se etsi ystävää,
kulkiessaan mietti,
mikä mus on väärin?
Ei kukaan musta tykkää,
onko piikit, värini tai joku muu kurjaa...

Yksin

Yksinäisyys, sen kosketusta ei tunne.
Se ei tullessaan sano hei!
Sen ääntä ei kuule, se ei kuulosta millekkään.
Yksinäisyys ei maistu, vain ilmaa mä haukkaan.
Yksinäisyys ei tuoksu, pelkkää tyhjyyttä.
-Oon yksin.

Mikä vuodenaika?

On maailma valkoinen,
kauniin hohtava.
Koristelin linnani kristalleilla jään.
Paksut kinokset lunta,
vaan onko tämä unta?
Mitä.. Nyt ymmärrän,
tämä on taikaa vuodenajan nimeltä talvi.

Mansikka

Mansikka on makeaa,
sitä kesällä maistaa saa.
Mansikasta voimaa saa,
se on niin ihanaa.
Mansikka on punainen,
se kesäisesti virkistää.

Kesäloma

Voi koska alkaa kesäloma, mulla on suunnitelma ihan
oma.
Tää on ihan levotonta puuhaa, odotan vain kesää
kuumaa.
Mä kesällä tosi paljon uin, silti aina vaan hymysuin.
Linnuilla on jo alkanut loma, mut mulla on vielä odotus
kova.
Aion kerätä kukkia ja unohtaa ison kasan villasukkia.
Minä aion riemusta nauraa sekä iloiten laulaa.

Koulun alku

Nyt on kesäloma loppu,alkoi taas kiire ja hoppu.
Kesälomalla olin kalassa,tuli koukkuuni särki.
Nyt mennään taas kouluun ja siellä vaan kasvaa järki.
Ei sinne jaksaisi aina herätä,mut tyhmyyttä ei tarvitse
silloin pelätä.
Jos säännöllisesti käyt sä koulussa,voit käydä jopa
ammattikoulua Oulussa.
Kyllä kesälomalle tulee taas aika, se tulee nopeasti kuin
taika.

Kevät

Ihanaa on kevät viittoo kalan evät.
Linnut laulaa riemulaulun, tikka tekee oviaukon.
Ulkona on kukka ja talvivarastoon meni villasukka.
Talvivarasto on kaapin oma, sillä mulla on nyt
kesämekko soma.

Merimies

Mä purjehdin myrskyissä ja laulelen tyrskyissä.
Mä horisonttia katsastelen ja aaltojen päällä ratsastelen.
Mun tärkein esine on laivalla kiikari, sen takia olenkin
pikku viikari.
Minä kiipeän mastoa, kun mikäkin peikko, en halua
näyttää siltä että olisin heikko.
Ne jotka laivalla eivät tee päivän työtä, eivät saa nukkua
seuraavaa yötä.
Mua laivalla ei ollenkaan pelota hai, se multa
viimeksikkin köniinsä sai.
Haluatko liittyä merimieheksi?
Jos et, pois jonosta ja häivy tiehesi!

Joutsen

On joutsen lumivalkoinen kuin kristalli, kuu tähdetkin.
Se kaunis on ja ylväs, silmät on meren siniset.
Se kevyesti lentää lailla höyhenen liitää.
Pehmeä kuin untuva, ihana kuin lammas.
Älä vaihda väriäs oo aina lumihammas.

Sinitiainen

Aamulla aikaisin herään.
Kuulen heti aamutuimaan sinitiaisen ihanaa viserrystä.
Sen pieni sininen pää puun latvasta visertää.
Se niin kauniisti laulaa.
Voisin kuunnella sitä vaikka koko päivän.
Aamulla aikaisin nousta ja illalla myöhään nukahtaa.
Meillä kauniiseen pihapuuhun, muutti ihana perhe
sinitiaisia.
Ne aamulla mut herättää ihanalla laulullaan.
Illalla taas peittelee tuutulaulullaan.

Ensilumi

On kaunista aikaa kesä, kun on valoisaa ja lämmintä.
Pian kuitenkin tulee ensilumi, nuo hohtavat hiutaleet.
Mutta kun mä niitä katson, ne katoaa en ollenkaan tiedä
mihin.
Aurinko paistaa taivaalta ja sulattaa hiutaleet.
Hoi aurinko lakkaa paistamasta mä haluan jo talven.
Aurinko ei mua tottele vaan tuli toiset hiutaleet,
nekin katos jonnekkin.
Mutta vieläkään mä ymmärrä en,
mikä on salaisuus ensilumen.
Miksi te katoatte jäähyväisiä jättämättä..

Kesäpäivä

Onpa ihanaa taas aloittaa uutta kesäpäivää,
koska ei mulla ole lainkaan huolen häivää.
Tänään heräsin lintujen lauluun,
tunsin olevani kuin liimattuna kesäiseen tauluun.
Herättyäni heti aamutuimaan juoksin ulos ja painuin
uimaan.
Uimisen jälkeen oli olo mahtava,
taivaalla aurinkokin niin keltaisen paahtava.
Voi ei huomaan, päivä on ollut liian nopea,
koska taivaalla loistaa jo kuu hopea.
Ulkona on pystyssä minun oma teltta,
se on punainen kuin kukon heltta.
Nyt aion teltassa nukkua
ja huomenna uuteen päivään taas hukkua.

Syksyn aika

Syksyllä sataa vettä maahan,
kesä on ohi ja on syksyn aika.
Syksyllä putoaa lehdet maahan,
kauniit värit koristaa puita.
Lehdet niin kauniisti loistaa,
omenat punaisina puussa kypsyy.
Tää on syksyn aikaa,
niin kaunista aikaa.

Miten ihmeessä?

Kaunis kesä alkaa saa,
sitä odotan hartaasti.
Kukat aukeavat nupuistaan,
se on ehkä parasta kesässä.
Linnutkin laulavat osansa kesässä.
Kauniilta näyttää nuo vihreät lehdet,
paahtava aurinko sekä hyönteiset pikkuiset.
Miten ihmeessä perhoset lentävät kukille?
Miten ihmeessä mehiläiset pölyttävät?
Miten ihmeessä...

Isoäidin lapsuus

Oi rakas isoäiti, tule meille kyläilemään.
Leivo meille pipareita ja lihapiirakkaa.
Kerro meille lapsuudestas ja siitä kun olit pieni,
"Oli meillä retkiä metsään ja eväänä vain yksi sieni.
Oli mulla paljon kotitöitä ja siksi ajoissa sanottiin hyviä
öitä.
Aamulla äiti pesi maton ja isä puhdisti likaisen katon.
Sitten söin aamupalan ja isän kans aioin napata ison
kalan.
Missä on lohta, kyllä niitä löytyy kohta.
Hei isä, katso tuolla menee muikkuparvi,
napataan se niin saadaan kalasarvi.
Illalla äiti paistoi kalan ja minä sain tietysti isoimman
palan.
Illalla meitä myös lämmitti takka ja pöydässä kiersi
korttipakka.
Sellaista oli minun lapsuus, ei mua haittaa tämä
harmaahapsuus."

Kesätuuli

Lämmin kesätuuli toi mulle viestin.
Lämmin kesätuuli, sanoi kesän olevan lähellä.
Lämmin kesätuuli oli aivan oikeassa,
sillä nyt, nyt on kesä ja siitä aion sulle kertoa.
Paljain jaloin nurmella juoksen,
nurmi on niin pehmoinen juosta.
Kukkia kauniita juostessa ihailen,
niiden kesäistä tuoksua ja kirkasta väriloistoa.
Puut ovat peitokseen lehdet kasvattaneet,
nekin haluavat tuoda loistoa kesään.
Pieni sade ei ketään haittaa,
koska sateen jälkeen sateenkaari taivaalla loistaa.
Iltaan asti aurinko paistaa ja valoisaa on.
Pian on kuitenkin aika käydä nukkumaan
ja sitten taas herätä uuteen kesäpäivään.

Tunteiden kirjo
2. Jakso

Toisessa jaksossa on 11-14 vuotiaana kirjoittamani runot.
Runoissa on enemmän tunteita ja syvällisyyttä.
Runot kertovat suruista ja vaikeista tilanteista ja myös
iloista ja ihanista hetkistä.
Runoista kuitenkin voi huomata, että mielikuvitustakin on
jäänyt jäljelle.

Syksy

Oi kuinka kaunis onkaan syystaivaan iltarusko.
Miljoonat lehdet maata kaunistaa.
Tip, tip tippuu vesipisarat meidän pieneen syyspihaan
avoisaan.
Kuinka rauhallinen onkaan syksy ja sen värit.
Syksy on viileää, kaunista ja ihanaa aikaa.
Sitä malttais en koskaan lopettaa.
Pysähdy syksy, jää vielä hetkeksi...
Talvi ei vielä alkaa saa...

Ensilumi

Kevyt, hento lumikerros on vaipunut paikoilleen.
Se ei nouse, se on varmaa.
Se jää hetkeksi siihen nukkumaan.
On pitkän matkan saapunut luoksemme, saapunut maata
kaunistamaan.
Miksi siis heti lähtisi?
Vain vesi tai lämpö saa sen sulamaan,
sulamaan pois, katoamaan.
Vain tyhjyyden meille jättäisi, sulaisi, sulaisi pois, sulaisi
ainiaaksi.
Jää, oi jäähän hetkeksi tätä apeaa syksyä koristamaan.
Kauniisti, hennosti puiden oksille, hennosti ruohikkoon.

Minä ja sinä

Me olemme niin samanlaisia, ikuisia ystäviä.
Ei meitä mikään erota, ei mikään.
Yhdessä me kaiken teemme, aamuisin, iltaisin.
Mitä tekisinkään ilman sinua?
Olisi sydämessäni tyhjä aukko, repeämä jota ei voisi
täyttää.
Älä, älä poistu luotani!
Et voi minua jättää.
Epätoivoon vaipuisin, voi nousisinko siitä enää koskaan.
Sinä, sinä olet minulle tärkeä, kuin kukat mehiläisille,
vesi kaloille tai ilma meille, meille ihmisille, minulle ja
sinulle.
Minä ja sinä me olimme ja olemme aina.

Kello

Kello se vain tikittää,
se aikaa laskee ja ihmiset kiirehtimään saa.
Kumpa, kumpa saisin sen pysähtymään,
he huokailevat, huokailevat huolissaan.
Vaan ei, ei se ei pysähdy.
Ja illalla taas todetaan:
Taas, taas on aika kulunut.
Teinkö mitään hyödyllistä tänään?

Perhonen

Pieni, kaunis väripilkku lentää poikki pihamaan.
Se iloisesti lentelee ja laskeutuu vain levähtämään.
Se on niin pieni, tuo kesän ensimerkki.
Sekin on tärkeä ja sillä oma osansa on.
Vaan sitä eivät kaikki ymmärrä,
vaan haavillaan he julmasti nappaavat tuon perhosen
niin pienoisen.
Sitten käteen ottavat ja siivet käsillään murskaavat.
Voi perhonen, miksi, miksi sitä ei arvostettu.
Se vain lenteli iloisesti ja toi väriä synkkyyteen.
Ei tehnyt mitään pahaa ja silti kuolemaan tuomittiin.

Vanha puu

Tuuli mua heittelee, se kovaa mua kurittaa.
Olen vain pieni, pieni puu, jota juuret kannattelee.
Älä niin kovaa, tuo sattuu, minä valitan, mutta aina
turhaan.
Runkoni näyttää ehkä vahvalta,
mutta sitä se on ollut liian pitkään.
Alkuun minä kestin sen.
Kaiken, kaiken kurjuuden, kylmyyden, sateen, pakkasen
ja voimakkaan tuulen tuiverruksen.
Mutta tuuli sääli mua nyt, olen vanha ja aikani elänyt.
Ohita minut ja jatka matkaasi, et voi antaa minun
kaatua.

Pihapuu

Tuo korkea, ylväs ja kaunis puu on lehtiä pullollaan.
Se auringon häikäisyyn herää.
Linnut, oravat se sitten luokseen kutsuu kiipeilemään ja
sirkuttamaan.
Talvella se valkoisen hupun päähänsä laittaa.
Syksyllä lehdet pudottaa ja keväällä uudet kasvattaa.
Kerran uuteen aamuun heräsin ja suru valtasi mieleni.
Minun oma rakas pihapuuni kaadettu on!
Kaikki rakkaat muistoni myytäväksi vietiin.
Voi pihapuu, jään sua kaipaamaan...
Kaltaistas en enää koskaan saa...

Meri

Meri on kristallin sininen.
Meri tuoksuu unelmilta, haaveilta.
Meri kuulostaa ihanalta:
laineet liplattavat, lokit nauravat.
Se on tyyni... ja aurinko sen taakse katoaa.
Aina, kun mä meren nään, vaivun unelmiini.
Jospa asuisin majakkasaarella, iltaisin katsoisin
aurinkoa, kun se katoaisi meren aaltoihin.
Aamuisin heräisin lokkien nauruun.
Oi, kumpa saisin kokea tuon kaiken joskus...

Onko tämä totta?

Onko tämä totta?
Oletko siinä?
En voi uskoa tätä todeksi!
Aikoihin emme ole toisiamme nähneet,
mutta nyt, nyt on odotus palkittu.
Näen sinut, voin sinulle puhua,
et ole vain haavetta.
Sydämestä raskas kivi putosi,
helpotus sen valtasi.
Jännitin näenkö sinua ja
näin, näin sinut onneksi.
Nyt on taas aika odottaa,
aika haaveilla seuraavaa kertaa..

Suru

Kyyneleet kuin puukot viiltävät poskiani.
Sydämeni lyö hitaasti ja tuskallisesti.
Maailman pahuus sen taas teki.
Mihin voin enää luottaa?
Varovasti nousen ylös,
punaisin silmin katson eiliseen.
Vielä silloin oli kaikki hyvin,
palata jospa voisinkin...

Voima

Rahaa aina vaan lisää painetaan, se ei lopu,
silti siitä päivittäin kamppaillaan.
Pienempiä kiusataan ja heikompia loukataan.
Suurin eläin on valas,
pisin kai kirhavi,
pedoista pahin silti ihminen.

Valinta

Ympärillämme on iso maailma,
ympärillämme on valintoja vaikeita.
Valitse tämä, valitse tuo,
älä minua kuuntele valinta on sinun.
Joskus tuntuu kuin sydän puristettaisiin kasaan,
tuntuu kamalalta ja siksi itket.
Anna kyyneleiden valua, se on elämää,
kaikki on osa elämää.
Joskus menee hyvin, joskus menee huonommin,
mutta päätä aina jatkaa eteenpäin.
Valitse oikein, kuuntele sydäntäsi ja anna sen ohjata
elämääsi.

Kamala yö

Syvään vedän henkeä, koitan jaksaa huomiseen.
Yö pimeä ja karu on vielä edessä, silmät jo sulje,
kohta heräät aamuun valoisaan.
Pimeys hohtaa ikkunasta, ulos en uskalla katsoa.
Päässäni pyörii ajatuksia, iloisia, surullisia.
Sydäntä viiltää, poista huolet mielestäsi,
nukahda jo!
Sängyssäni liikahdan, mieltäni koittaa rauhoitan.
Sekuntiviisarin kuulen, olen jäykistynyt pelosta.
Silmiäni en enää jaksa auki pitää,
ne lipsuvat kiinni.
Ei, en saa nukahtaa, pitää jaksaa hetki.
Pian taas herään,
yksi yö ohi...

Sade

Ikkunaani kiiltävään, sadepisarat putoaa.
Taivas tuo äsken sininen,
peittyi mustin pilvin,
se itkee ja mustan peiton veti suojakseen.
Taivaalla ei näy lintuja,
ne ovat suojaan lentäneet,
jonnekkin alle pensaiden tai puun lehtien.

Ihmeet

Pimeä on yö, pimeitä on illat.
Taivas on kirkas, täysi miljoonista tähdistä.
Avaa silmäsi, avaa ne kokonaan.
Katso tähtiä, syvenny niitä ihailemaan.
Mieti lintujen pitkää matkaa kohti etelään,
kun talvi kylmä ne sinne pian lähettää.

Illan tullen

Ilta viilenee, yö taas esiin astuu.
Tähtitaivas, kirkas kuu.
Kaunista, niin hiljaista on.

Aika

Aika, yksi suurimmista salaisuuksista.
Sitä kaikille annettu saman verran on,
silti joillakin sitä on liian vähän,
toisilla taas liikaa.
Sitä et voi pysäyttää,
et voi jäädä hetkeen.
Nauti siis elämän pienistä asioista,
vain kerran ne voit elää.

Pieni lapsi

Kaipaan sitä jotakin,
kaipaan jotain pientä.
Kaipaan sitä pienen pientä tyttöä mä sieltä.
Hän suruja ei jäänyt miettimään,
pelännyt ei huomista laisinkaan.
Hän oli niin viaton ja pieni,
jo pienestä tuli hyvä mieli.
Pahuutta ei osannut ajatella,
sisään ei jäänyt pakkasella.
Hän oli niin erilainen,täynnä elämänhalua,
ei muille kateellinen.
Naurunsa oli ihanin,
muistan kun häntä halasin.
Vaan nyt kasvanut jo isoksi on hänkin,
miten kertoisin hänelle tänkin.

Oma kirjasi

Elämä on kuin pitkä kirja.
Joskus tuntuu että se parhaimmillaan on,
haluat vain jatkaa ja jatkaa sitä.
Joskus tuntuu taas ettet pysty enää sivuakaan eteenpäin
kääntämään.
Haluaisit vain luovuttaa,
luulossa ettei pimeydestä nousta voi.
Joskus luulet olevasi sadussa,
etkä malttaisi palata karuun todellisuuteen.
Joskus haluaisit viskata koko kirjan pois,
hylätä ikuisuuksiksi selvittämättä sen loppua.
Jos kirjastasi sivu repeää,
elämään joku haaste, murhe tulla voi.
Korjaa se sivu,
elämäsi ole ei milloinkaan liian vaikea korjattavaksi.
Elämäsi juonea ei kuitenkaan ole päättetty,
sinä olet oman elämäsi kirjoittaja.
Kirjoita menestystarina, nouse surusta,
korjaa rikkoutuneet kohdat.
Älä hylkää elämän kipinää,
elämä on kallisarvoisin lahja minkä olet saanut.
Teroita se kynä jolla elämääsi kirjoitat,
puhdista ja unohda se kohta jonka jouduit "lukemaan."

Satumaa

Nyt surettaa, miekka sydäntäni viiltää.
Kyyneleet poskiani haavoittavat, mutta itkun pidän sisälläin.
Pakenen taas, pakenen murheitani omaan maailmaani
satumaiseen.
Siellä unelmat ovat arkipäivää, kukaan ei kiusaa,
kyyneleitä tulemaan et saa.
Kun itkettää olen maailmassain,
ikuisessa kesässä ja rakkaassa lapsuudessa.
Pitkiä tikapuita, jotka ovat lakritsinauhaa,
kiipeän kohti pilviä.
Pilvelle niin pehmoiselle, menen nukkumaan ja
annan huoleni ilmaan haihtua.
Hengitän taas, hengitän taas niinkuin ennen,
ei tuska saa sitä harvenemaan.
Muita ei lain, vain minä ja hiljainen satumaa.
Ei kukaan pilkkaa, kukaan ei satuta tai loukkaa,
olen aivan rauhassa ja yksin.
Pilvelläin, kun makoilen, huolia en muistakkaan,
satumaasta lähteä en todellisuuteen malttaiskaan.
Pilveltäni pudottaudun veteen niin lämpimään,
suurelle lumpeelle jään unelmiani miettimään.
Rantaan astun jaloin paljain, astelen ruoholla niin vihreällä,
kohta todellisuuteen palata täytyy.
Silmäni avaan, täällä taas...
Synkkä ilma, kyyneleet poskellain, halveksivat katseet
ja puhe niin ruma on piirittänyt minut taas.
Pyyhin kyyneleet kädelläin ja päätän olla vahvempi kuin ennen.
Muut saavat katsoa,
olen oma itseni ja siihen ihan tyytyväinen.

Koirani

Pieni rakas koirani mun, muista että olen aina mä
tukenas sun.
Olet aina aamuisin iloinen, mua vastaan tulet häntääs
heiluttaen.
Kun itken niin käperryt viereeni mun, sit silittelen mä
pehmeää turkkias sun.
Katsot mua niillä silmillä ruskeilla aina, sulatat sydämeni
jopa kylmänä maanantaina.
Yhdessä aina me lenkille mennään, kuljet läpi pensaiden,
pitkän ruohon ja mä vaan sua seuraan.
Ukkosella kun sä pelkäät, sut syliini suljen ja haihtuvan
pelkosi nään.
Vaikka kuinka mä surullinen tai vihainen oon, lepyn
aina kun laitat pääsi suloisesti vinoon.
Olet mulle niin rakas ja tärkeä, ei kukaan voi meidän
ystävyyttä särkeä.
Jotkut sanovat, että koira se vain, he eivät voi ymmärtää
tätä tunnetta lain.
En tiedä miten kestäisin tätä kylmää maailmaa ilman
apuas sun, älä jätä mua siis ja pysy aina sydämessä mun.

Onnellisuus

Miten sen löytää voi?
Äsken oli täällä, nyt jo poissa, kaukana.
Kumpa vain vois saada ikuisen onnen, sen jos jostain
löytäisin.
Onnea ei ostaa voi, se tulee käymään aina joskus.
Onnen voit löytää pienistäkin asioista, elämän arjesta.
Vaan sitten se lähtee taas, viipyy ehkä kauankin.
Mutta eikö se tunnukkin aina vain ihanammalta, kun
jälkeen surun, sen taas palaavan luoksesi tuntea voit.

Ilman sitä jotakin

Ilman ratkaisuja, emme kasvaisi.
Ilman suruja, emme iloitsisi yhtä suuresti.
Ilman huomista, emme voisi haaveilla.
Ilman eilistä, emme voisi oppia.
Ilman virheitä, emme voisi niistä nousta.
Ilman sinua, olisin vain puolikas...

Elämän kauneus

Vaikeita aikoja, hetkiä ja päiviä kohtaat.
Elämä ei ole helppoa, aina ei vain jaksaisi.
Mielesi voi olla hajalla, itsetuntosi sirpaleina.
Elämässä on aikoja vaikeita, myös hetkiä hyviä.
Joku asia saattaa näyttää kauniilta, mutta osoittautuu
kivuksi.
Elämä on kuin ruusu, se näyttää hyvin kauniilta, mutta
on kestettävä sen piikit, pidettävä siitä lujasti kiinni
vaikka sattuu.
Kyyneleitä vuodatat, tunnet tuskaa sydämessä.
Se on ihan normaalia, älä siis huoli.
Jos haluat elämääsi sen kauneuden ja onnen, on
kohdattava vaikeudet myös.
Oi aina tuntuu ihanammalta, kun jälkeen vaikeuksien
taas onnen saavutat.
Mutta kestettävä on, luovuttaminen ei ole vaihtoehto.
Joskus kyyneleet poskillasi saattavat tuntua liialta, kuin
kovalta taakalta.
Pyyhithän ne pois, hymyile itsellesi, älä kuiskaa vaan
puhu.
Jokainen virhe on korjattavissa, jokainen kyynelkin vierii
pois.

Sisko

Jospa siskon saada voisin, niin onnellinen silloin oisin.
Jaettaisiin suruja, salaisuuksia syvimpiä.
Lämmittäisit sydämeni silloin, kun on niitä päiviä
kylmimpiä.
Ei koskaan kaveria vailla, en seisoisi ikinä yksin varjon
alla.
Hauskaa meillä myös olisi, eihän veljiä aina ymmärtää
voisi.
Aina ois hän tukemassa, murheitakin kuuntelemassa.
Valvottaisiin iltaisin myöhään, vaipuisimme unelmiin ja
uneen syvään.
Oishan kiva se sisko ihan oma, yhdessä vietettäisiin
kunnon kesäloma.
Enhän mä aina omia veljiäni voi ymmärtää, mutta
eipähän mulla pitkäksi aika jää.
Heidän kanssaan tehdään aina jotain hyvinkin hullua,
ehkä mun on parempi jatkaa tätä menoa jo vanhaa
tuttua.

Pintaa syvemmälle
3.Jakso

Kolmannesta jaksosta kuvastuu uskoni Jumalaan ja
Raamatun antamiin lupauksiin tulevaisuudesta.
Jehovan todistajana olen ollut koko ikäni ja siksi olen
oppinut paljon asioita Raamatusta, joista olen myös
kirjoittanut runoja.
Raamattu antaa toivoa ylösnousemuksesta kuolleille
omaisillemme ja sen vuoksi olenkin kirjoittanut niin paljon
ylösnousemuksesta kertovia runoja.

Ylösnousemus

*Kaksi vuotta siitä jo on, silti olet yhä kirkkaana
mielessäni.
Yhä mietin sinua, harmikseni olet jo poissa luotani.
Sinä et ymmärrä nyt aikaa, et tiedä mitään tästä pahasta
maailmasta.
Minä olen täällä vielä, kaipaan sinua.
Odotan jo kovasti, kun taas näkemään pääsemme.
Muistan kuinka kerroit minun kasvaneen, muistan sen
kun olin vielä lapsi niin pienoinen.
Minä muistan sinun jo vanhat, ystävälliset kasvosi joista
hehkuu vahva uskosi.
Tunnistaa en sinua taida, kun näemme seuraavan
kerran.
Kasvosi ovat jo silloin nuortuneet, selkäsi kumarasta
nostaa taas voit.
Odotat nyt paratiisia, sitä ihmeellistä paikkaa, jossa
näemme taas.
Juosta aion luoksesi, sinäkin voit juosta vastaan, koska
siellä vanhuudesta ei tietoakaan ole.
Kädessäni on nyt korttisi, se mihin kirjoitit terveisesi,
käskit pysyä vahvana ja sen minä teenkin.
Paratiisissa näemme taas, pääset taas silmäsi avaamaan
ja niitä koskaan enää et joudu kuoleman uneen
sulkemaan.*

Lämmitä sydäntäsi

Taas on hetki tää, suru valtaa sydämen lailla kylmän
jään.
Miten voisit sydäntäsi lämmittää?
Tunteet ja surut nyt vuodata lailla itkevän lapsen, Jehova
kuuntelee kyllä.
Aina myöskin piristää halaus lämmin, muista ettei
taakkaa surullista tarvitse kantaa yksin.
Apua on tarjoolla paljon, älä siis jää alle synkän varjon.
Mene kohti aurinkoa, anna sen sulattaa tuo kristallin
kirkas jää.
Tuntea voit Jehovan käden, joka lujasti tarraa eikä irti
tarvitse päästää.
Ystäviä on monia, joilla sama on päämäärä kuin sinulla.
Ole keskuudessa rakkaiden, lue raamattua päivittäin,
näin voit mielesi rauhoittaa.
Vaella siis kohti valoa, tunne kuinka mielesi, sydämesi
lämpenee, kohta olet jo perillä...
Vielä pieni ponnistus, pidä siis sydämesi lämpimänä,
tässä kylmässä, kylmässä maailmassa.

Muistot

Yksi, kaksi, kolme, neljä...
Aika kuluu, aika menee...
Vierii sekuntit, minuutit, tunnit, vuodet...
Aika kulkee ainiaan, mutta muistot jäävät itämään, niit
en voi koskaan unohtaa, en koskaan.
Muistan sen kuin eilisen, on sanonta kallisarvoinen.
Muistan: Lapsuuden rakkaan, kultaisen.
Muistan: Oppimani asiat, joita päähän päntättiin
koulutiellä kivisellä.
Luulin, luulin sen olevan rankkaa, mutta
Muistan: Työelämän monivuotisen.
Onni aina pilkahti ystävissä, ilonkipinöissä.
Mutta nyt, nyt on muistot lopussa.
Elämäni käytin, rakkaat ympärillä, aina iloa siellä.
Nyt on aika kai nukahtaa...
Aika nukahtaa hetkeksi, hetkeksi pieneksi.
Paratiisi lähenee, annan sen tulla, kun levähdän, vain
silmiäni räpäytän.

Kaipuu

Silmäsi suljit, silmäsi kuoleman uneen suljit.
Jään sua hetkeksi kaipaamaan ja ikävöimään, vain
hetkeksi.
Sillä pian sinä heräät, heräät takaisin vierelleni.
Voin kanssasi nauraa, voin vierelläsi iloita.
Voi, ei kauaa tarvitse odottaa, kumpa jaksaisin.
Olet minulle tärkeä, voi kohta nähdään.
Maan päällä paratiisissa, maa on hyvä eikä meidän
tarvitse enää ikinä hyvästellä toisiamme.

Elämä

Elämä on kuin kynttilä, vain kerran se kirkkasti loistaa
ja pian, pian se loistamasta lakkaa ja uneen ikuiseen
sammuu.
Vaan onko uni ikuista?
Voiko liekki vielä loistaa?
Vaikka liekki sammuisi niin kuin ihminen kuolisi, sen
saa vielä kirkkasti loistamaan.
Älä siis mieti kuolemaa, se on kuin päiväuni.
Rakkaasi, läheisesi on vain silmänsä sulkenut.
Hän lepää vain hetken kunnes herää, taas nuorena ja
vetreänä, ilman kipuja ja tuskia.
Pian hän saa taas kirkkaasti loistaa, mutta sitten, sitten
ei loistamasta lakkaa.

Kiitos Jehova

Voi Jehova, kiittää voinko tarpeeksi?
Annoit minulle elämän, elämän lahjaksi.
Olet rakkaudellinen, rakkaus onkin pääominaisuutesi.
Olet myös anteeksiantavainen, vaikka itse olen niin
syntinen, päivittäin teen virheitä, onneksi osaan katua.
Kiitos paljon Jehova, kun pahuudenkin pian poistat, auta
aina mua kuitenkin selviytymään nämä lopun ajat.
Paratiisissa voi sitten nauttia sinun viisaasta
ohjauksestasi.
Viisaassa, rakkaudellisessa, puhtaassa maassa, siinä
sitten ikuisesti elää saamme.

Rukouksen voima

Kuulet minua aina, voin sinulle milloin vain sydämeni
vuodattaa.
Vaikka surut ja murheet selässäni painavat, saat ne
kevenemään, kun minua auttaa haluat.
Jos kompastun johonkin, vedät minut pystyyn ja
kannustat aina jatkamaan.
Pidät kädestäni kiinni, jotta jaksaisin.
Minua kuuntelet ja vaikka teen väärin, sen ymmärrät.
Autat minua ja paikkaat haavani.
Sydän täynnä kiitollisuutta minulla on.
Kiitos Jehova siitä että annoit elämän minulle lahjaksi,
sen viisaasti haluan käyttää...
Auta minua siis.

Luomisen ihmeet

*Ulkona illan viiletessä, yön esiin astuessa tarkkailen
luontoa ja ihmeitä sen.
Tähtitaivaat, kirkas kuu saavat minut miettimään
voimaasi suurta.
Värit useat olet hienosti luontoon maalannut.
Aamulla ikkunaani kirkas valo heijastuu, aurinko
taivasta kohti nousee.
Senkin olet oikealle paikalle asettanut, niin että meillä
hyvä olla on.
Pienet hyönteiset, kaikki aivan erilaisia, nekin tarkasti
suunniteltuja.
Kauniit kukat, tuovat iloa meille ja nekin hehkuvat
väriloistossaan.
Sade kun ikkunaani ropisee, muistuu mieleeni
vedenpaisumus, jonka jälkeen sateenkaaren taivaalle
kohotit.
Miten tietämättömiä ovatkaan ihmiset, jotka luulevat
että tämä kaikki olisi tullut itsestään.*

Särkynyt sydän

Kuin heikko jää on sydämeni särkynyt.
Jos vain pienestikin astut päälle jään heikon, se
rikkoutuu, sirpaleiksi tuhoutuu.
Minun sydämeni löi vain silloin, kun näin sinut.
Minä hengitin vain siksi, koska sinä olit täällä.
Menetin sinut, olet jo poissa, vain sydämessäni on sinusta
muisto.
Muistan yhä äänesi ja naurusi, muistan kun yhdessä me
teimme kaiken.
Kaikki on mennyttä, takaisin ei ole paluuta, kuin eilinen
meitä ei enää ole.
Silmin punaisin katson valokuvaa sinusta, vielä eilen olit
vierelläni, vielä eilen pidin kädestäsi kiinni.
Mutta nyt kuin liekki kynttilän on elämän voima sinusta
sammuksiin puhallettu.
Alla maan odotat seuraavaa kertaa, sitä kun me taas
näemme.
Minun pitää odottaa kauemmin, päivä päivältä pitää
koittaa jaksaa.
Mutta sinulle aika on, kuin silmien räpäytys, vain
sekunti niin olet taas luonani.
Odotan taas yhteistä aikaamme, kun saan taas puristaa
sinun kättäsi.